# PRÉCIS

## HISTORIQUE

# SUR LA MAISON

## DE BONY DE LAVERGNE

ET QUELQUES AUTRES,

EXTRAIT DE L'ANNUAIRE HISTORIQUE DE LA NOBLESSE FRANÇAISE.

## METZ,
DE L'IMPRIMERIE DE COLLIGNON.

M DCCC XXXVII.

# AVERTISSEMENT.

Il nous est tombé entre les mains un Annuaire historique de la Noblesse française publié par livraisons. C'est une compilation d'archives, d'anciens documents, de chartes, d'extraits d'ouvrages tels que le grand Armorial de France, le dictionnaire de la Noblesse française de La Chenaye-des-Bois, etc. Nous y avons trouvé des notices assez curieuses concernant des familles anciennes qui, sans être originaires de la Lorraine ou des trois Evêchés, y sont cependant établies depuis long-temps par suite de différents événements. Il nous a paru intéressant de faire réimprimer quelques extraits de cet Annuaire concernant ces familles. Leurs descendants y trouveront un véhicule pour marcher sur les traces de leurs ancêtres, et nos concitoyens y puiseront des motifs d'émulation pour les imiter.

# PRÉFACE.

Parler de Noblesse aujourd'hui, exhiber d'anciens titres, c'est presque un contre-sens! On n'attache actuellement de valeur qu'à ce qui rapporte un bien-être matériel. — Cependant on voudrait annihiler la noblesse sous prétexte qu'elle est un pur préjugé, totalement tombé. Mais s'il en était ainsi, on ne se donnerait seulement pas la peine d'en parler, encore moins de la rechercher. Le dénigrement de certaines gens rappelle involontairement le Renard et les Raisins.

L'institution de la Noblesse a été universelle chez tous les peuples civilisés et reconnue comme un puissant agent dans toute législation. En effet, quelle récompense atteindra ce généreux citoyen qui s'est dévoué et a sacrifié la vie pour sa patrie? On ne peut que l'honorer dans ses descendants. Dieu même, dans nos livres sacrés, récompense ou punit la postérité de l'homme de bien ou du méchant. C'est ainsi qu'en ont agi tous les peuples.

La Noblesse n'est pas un préjugé comme quelques personnes irréfléchies ou passionnées voudraient le faire croire. Ce prétendu préjugé est fondé dans la nature et sur une profonde connaissance du cœur humain. Les races d'hommes ont leurs types et leurs vertus. Les philosophes anciens et modernes s'accordent sur ce point. Voltaire a écrit sur ce sujet un chapitre curieux où il prouve, par la raison et de nombreux exemples, l'hérédité des qualités physiques et morales. * Il serait contre nature que cela ne fût pas : *Natura semper sibi consona.*

La race d'un excellent cheval serait-elle plus précieuse à conserver que celle d'un bon gentilhomme? On s'extasie tous les jours sur des monuments même dégradés, qui ont traversé les siècles, à plus forte raison doit-on vénérer le descendant d'un Solon, d'un Platon, d'un Périclès, ou d'un de ces preux qui ont sacrifié leur fortune et leur existence au service de l'état.

Toute illustration a son origine dans un excellent principe. Si le contraire est quelquefois arrivé, c'est l'exception qui confirme la règle. La Noblesse doit être regardée comme une institution sociale qui concourt avec les autres classes de la société au bien-être général. A tout considérer, les distinctions de naissance que le hasard seul distribue, sont moins choquantes que celles que donnent la richesse ou même un mérite souvent contesté et rarement réel. Faites que personne n'attache d'importance à la

---

* Voyez l'extrait de Voltaire, a la fin de la préface.

noblesse, alors elle tombera d'elle-même ; mais tant qu'on la verra rechercher et y attacher une haute valeur, il n'est pas étonnant que le gentilhomme la prise au moins autant que les autres l'estiment.

On objecte qu'il y a des nobles fiers, orgueilleux, ignorants et sots. Eh bien ! on les abandonne à leur absurde morgue et à leur incapacité.

Mais de ce qu'il y a des juges ignorants et pervers, de sots administrateurs, des commerçants fripons, des financiers avides, des guerriers fanfarons, supprimera-t-on la justice, l'administration, les finances et l'état militaire ? Faites encore attention que ce noble sot ou orgueilleux se fera souvent tuer pour vous défendre ainsi que l'état.

Il est inévitable qu'il n'y ait des rangs dans l'ordre social. L'inégalité physique et morale est dans la nature. Il est impossible que celui qui vit à vos dépens soit votre égal. Tout le monde ne peut pas commander : il y aurait confusion. On a substitué aujourd'hui l'aristocratie de la richesse à celle de la naissance : par là, on a enflammé la cupidité, la plus vile des passions, en lui accordant, quand elle réussit, des droits et des honneurs. Cela est-il sage et moral ? *Virtus post nummos :* ne vaudrait-il pas mieux, pour la stabilité de la société, admettre des distinctions sur lesquelles aucune intrigue n'a de prise. On supporte plus aisément les supériorités dues au hasard, que celles qui résultent de toute autre combinaison. Celui qui, ne naissant pas gentilhomme, se croirait lésé, n'aurait pas plus de droit de se plaindre, que si la nature ne lui avait pas donné les formes d'Apollon ou le génie d'Archimède.

On rappelle sans cesse des priviléges qui, certes, n'existent plus aujourd'hui. Mais qu'étaient ces priviléges tant et si perfidement reprochés?

La Noblesse autrefois remplissait les charges de haute magistrature et occupait les places d'officiers dans l'armée, seulement depuis l'ordonnance de M. de St.-Germain; mais en compensation elle renonçait au commerce, et en général à toutes professions mercantiles ou lucratives, laissant par là, à la classe moyenne, toute latitude possible pour s'enrichir sans concurrence. Le peuple ne pouvait que gagner à cet ordre de choses. On sait d'ailleurs que les emplois des grands dignitaires d'épée, auxquels les Parlements ont succédés, ne recevaient point d'émoluments ; aujourd'hui ce service coûte des millions. — Demandez à ce bon villageois, s'il n'aimerait pas mieux donner un coup de chapeau à Monsieur le Conseiller, qu'un écu hors de sa poche.

Quant à la Noblesse militaire, c'est le service qui précisément l'appauvrissait. Sa prérogative consistait dans le noble avantage de répandre son sang pour l'état et de se ruiner à son service. *

---

* On en verra de nombreux exemples dans les généalogies suivantes.

Une grande partie des places du haut clergé était aussi dévolue à la Noblesse. C'était ici de toute justice. Qui avait fondé ces chapitres, ces abbayes, ces monastères, ces congrégations, si ce n'est la Noblesse ou les Princes?

Aujourd'hui les bons esprits sentent que les institutions, que les siècles nous ont léguées, ne sont pas aussi vaines qu'on le prétendait. La nouvelle Noblesse a été acquise et recherchée par ceux—là même qui avaient coopéré à la destruction de l'ancienne. C'est un exemple frappant du changement d'idées à cet égard.

Mais, dit-on encore, la Noblesse occupera les places les plus éminentes, et restreindra ainsi la faculté que chacun a de parvenir à tous les emplois. Cette assertion, que l'on présente aux niais, est bien le principe le plus désorganisateur de toute société: il excite sans cesse chaque individu à primer son semblable; nul n'est content de sa position, et chacun cherche à graviter vers le sommet. De là naissent toutes ces perturbations, ces cabales, ces intrigues, ces innombrables et ignobles ambitions qui tourmentent la société et qu'il est impossible de satisfaire. Tout le monde ne peut tenir au sommet. La perfection de la législation serait de maîtriser ces amours-propres désordonnés qui se croient sans cesse appelés à gouverner l'état et à en occuper les premières places.

Ainsi donc la question se réduit aujourd'hui à

utiliser, pour l'ordre social, une institution fondée dans la nature, qu'il est impossible de déraciner et qui doit produire quantité de citoyens intéressés à bien se conduire pour ne pas déshonorer leur caste et leur famille. C'est le parti le plus sage qui a été adopté généralement par les législateurs et les philosophes modernes.

*Extrait de Voltaire, cité mot pour mot.*

Le physique, ce père du moral, transmet le même caractère de père en fils pendant des siècles.

Les Appius furent toujours fiers et inflexibles : les Catons toujours sévères. Toute la lignée des Guise fut audacieuse, téméraire, factieuse, pétrie du plus insolent orgueil et de la politesse la plus séduisante; depuis François de Guise jusqu'à celui qui, seul et sans être attendu, alla se mettre à la tête du peuple de Nantes : tous furent d'une figure, d'un courage et d'un tour d'esprit au-dessus du commun des hommes. J'ai vu les portraits en pied de François de Guise, du Balafré et de son fils; leur taille est de six pieds : mêmes traits, même courage, même audace sur le front, dans les yeux et dans l'attitude.

Cette continuité, cette série d'êtres semblables est bien plus remarquable encore dans les animaux: et si l'on avait l'attention de perpétuer les belles races d'hommes que plusieurs nations ont encore à ne pas mêler celles de leurs chevaux et de leurs chiens de chasse, les généalogies seraient écrites sur les visages et se manifesteraient dans les mœurs.

Il y a des races de bossus, de six digitaires, comme nous en voyons de rousseaux, de lippus, de longs nez et de nez plats. Quelle disposition secrète d'organes, quelle sympathie, quel concours de lois physiques fait périr le père et les deux enfants de leur propre main et du même genre de mort précisément quand ils ont atteint la même année : c'est ce que j'ai eu sous les yeux. Trois ou quatre générations sont devenues sourdes, aveugles, goutteuses ou scorbutiques dans un temps préfix.

On voit donc visiblement qu'une race peut avoir des qualités supérieures à une autre. Alors n'est-ce pas une chose utile à la société et au genre humain de conserver une bonne race et de la propager s'il est possible.

# EXTRAIT

*De l'Annuaire historique de la Noblesse française, année 1836, et d'autres documents historiques.*

---

DE BONY, Marquis DE LA VERGNE. Cette maison a recueilli des documents qui remontent son origine aux premiers siècles de notre ère. Ammien Marcellin, liv. 15, ch. 5; Zozime, liv. 2; Jornandès, *De rebus Gothicis*, liv. 21; Le Beau, *Histoire du Bas-Empire*, t. 1, liv. 3, et t. 2, liv. 8, édit. in-12, Paris, 1757-1758, font mention que, vers l'an 300 de notre ère, un Général franc appelé *Bonit*, vint, à la tête d'un corps considérable de cavalerie de sa nation, au secours de l'Empereur Constantin, auquel il rendit de grands services dans différentes campagnes. Il se distingua surtout à la bataille d'Andrinople, que Constantin livra à Licinius, et qui décida de l'empire du monde; Constantin conserva ce corps de Francs comme auxiliaire. Sous le règne suivant de Constance, on voit reparaître comme Général d'infanterie Sylvain (Sylvianus), fils de *Bonit*, lequel aussi rendit les plus grands services à l'Empereur dans toutes ses campagnes; il eut le gouvernement de Cologne et de toutes les provinces de ce côté soumises à la domination romaine.

L'histoire fait l'éloge de toutes les vertus personnelles du fils de Bonit, le représentant comme doué de toutes les qualités qui font les grands hommes : l'humanité, la bonté, la justice, la valeur, la sagacité, la générosité, faisaient la base de son caractère naturellement vif.

Tant de faveurs et d'éminentes qualités excitèrent l'envie de perfides courtisans qui résolurent sa perte. Vers l'an 355, on fabriqua de fausses lettres que l'on remit à Constance. Ces lettres semblaient accuser Sylvain de vouloir s'emparer de la pourpre. Il n'en fallut pas davantage au faible et soupçonneux Constance pour ordonner la perte d'un sujet si fidèle. L'histoire conserve le nom d'un Capitaine franc nommé Malaric, commandant la garde étrangère, qui, indigné de l'injustice qui allait accabler le fils de Bonit, s'offrit de l'amener lui-même à l'Empereur, en garantissant sur sa tête son innocence. Pendant cet intervalle, Sylvain, fils de Bonit, adoré des troupes, aimé de tout le monde, fut averti des funestes résolutions de Constance. Ses amis ne virent pour lui d'autres moyens d'échapper au danger, que de faire en effet ce qu'on l'accusait de désirer. Cette résolution prise, il ne fut pas difficile de l'exécuter. Les troupes le reconnurent unanimement Empereur à Cologne, où il commandait. Il en fut de même dans tout le pays, ainsi que dans les Gaules. On dépêcha partout des courriers, et cette grande nouvelle fut reçue universellement avec joie et acclamation.

Pendant ce temps, la fourberie et la supposition des lettres du fils de Bonit avait été reconnue, l'Empereur avait révoqué ses premières résolutions ; mais il n'était plus temps. Ce fut un coup de foudre pour Constance quand il apprit la reconnaissance du fils de Bonit. On délibéra beaucoup dans le conseil sur la manière de parer à ce grand événement. Enfin Constance, désespérant de réussir par la force, eut recours à la perfidie.

Le Général Ursicin, disgracié, et que l'on savait attaché au fils de Bonit, fut appelé à la Cour ; on l'instruisit du rôle qu'il avait à jouer, lui promettant, en cas de succès, de grandes récompenses et la réintégration dans toutes ses dignités. En conséquence, Ursicin se rendit auprès du fils de Bonit, le nouvel Empereur, qui le reçut comme un ancien ami. Ursicin feignit d'approuver l'élévation de Sylvain et se répandit en plaintes amères contre l'ingratitude de Constance, qui avait, disait-il, négligé ou même maltraité ses généraux les plus dévoués. Ces propos, accompagnés de toutes sortes de démonstrations, bannirent toute défiance de l'âme grande et généreuse du fils de Bonit. Pendant ce temps, le perfide Ursicin corrompit quelques soldats, et, choisissant le moment où Sylvain, seul avec lui, sans défiance, se promenait hors des portes de Cologne, près d'un petit temple dédié à Vénus, il le fit égorger. On voit encore aujourd'hui (1835) son tombeau à Cologne, dans une église qui a succédé au temple de Vénus.

Ce tombeau est dans le haut de l'église, précisément à la place où il fut massacré. \*

Telle fut la fin du fils de Bonit, qui ne régna qu'un mois. Il méritait un meilleur sort et fut digne du trône. Constance lui-même le regretta, ainsi que toutes les troupes. Les principaux officiers de l'empire le justifièrent et lui restèrent fidèles jusque dans les tortures. Cependant le fils de Sylvain, encore en bas âge, fut épargné, et même l'Empereur en fit prendre soin.

Les descendants de ce Bonit restèrent plusieurs siècles en Italie, et quelques branches y sont encore établies. On ne sait pas à quelle époque le *t* final fut supprimé comme inutile à la prononciation dans les idiômes nouveaux qui s'étaient formés en Italie par le mélange des peuples et la corruption des langues. Pendant long-temps aussi on écrivit indifféremment *Boni* ou *Bony* par *i* ou *y*, comme quantité d'autres mots français.

Cependant une des branches de cette famille quitta l'Italie et vint s'établir en France. L'époque de la sortie de cette branche de l'Italie n'est pas précise : on la voit paraître en France avec distinction, et qualifiée d'ancienne race dès les premières croisades. C'est aussi depuis ce temps que la famille de Bony présente une filiation authentique et non interrompue jusqu'à ce jour.

\* Une mosaïque très-ancienne, sur le pavé de l'église, représente cet événement.

Le motif de l'émigration en France d'une branche de la famille de Bony d'Italie est assez curieux pour mériter d'être rapporté dans cette notice. Cette tradition a été soigneusement conservée et recueillie par chaque génération des différentes branches de cette famille, sorties de la première, qui émigra d'Italie en France et se fixa dans le Limousin, à cause de sa ressemblance topographique avec le pays qu'elle venait de quitter (les Apennins). La même tradition a été conservée par les branches italiennes de la maison de Bony, et a été confirmée sur les lieux, dans le dix-septième siècle, par un membre de la famille des Bony de France qui se trouvait alors en Italie.

Quoi qu'il en soit de la vérité de cette tradition, nous la rapportons ici :

Pendant les croisades, un Chevalier de cette famille fut pris et mené captif dans les États d'un de ces scheiks arabes fort cruels envers les chrétiens. Le prisonnier était un fort bel homme, et une des filles du scheik en devint éprise au point de s'enfuir avec lui. Ils prirent si bien leurs mesures qu'ils eurent le bonheur d'aborder en Italie. Le Chevalier reconnaissant ne tarda pas à épouser sa libératrice, après toutefois qu'elle eut embrassé la religion de son futur époux. Pour se mettre à l'abri de toute recherche et vengeance, ils se retirèrent dans un vieux château situé dans les Apennins ; ils y vécurent cinq ans fort tranquillement et y eurent cinq enfants. Cependant, une nuit, le Chevalier faillit d'être assassiné : il reçut une blessure grave, sans que l'on pût au juste découvrir l'auteur de ce crime; mais on put aisément le soupçonner par la fuite d'un domestique du Levant que la dame avait eu la faiblesse de prendre à son service, pour pouvoir causer avec lui dans sa langue. Après cette catastrophe, le Chevalier se retira aux environs de Florence, où habitait une partie de sa famille; de là, il ne tarda pas à passer en France, pour se mettre tout-à-fait en sûreté. La branche restée en Italie y existe encore, et jouit en Toscane, où elle demeure, d'une grande considération, plutôt par ses vertus que par sa grande fortune. Un Cardinal de cette famille, exilé par Buonaparte dans les Ardennes, y est mort en 1813.

On a vu précédemment qu'une tradition fixait l'arrivée d'une branche de la famille de Bony en France, dans la province du Limousin, vers la première croisade, sans pouvoir assigner une époque certaine. Les preuves authentiques de l'apparition de cette famille, à cette époque, en Limousin, furent détruites par un incendie du château de la Vergne, arrivé au milieu du quatorzième siècle, qui anéantit quantité d'anciens titres. Cet incendie fut, dans le temps, juridiquement constaté.

A cette époque, cette famille était déjà une des principales de la province du Limousin, et les égalait en ancienneté, en richesse et en splendeur. Elle a contracté plusieurs alliances avec la maison de Lastours, qui est éteinte depuis long-temps *. Dans le quatorzième et le quinzième siècles, la famille de Bony possédait la plupart des grands fiefs qui se trouvaient alors situés dans les communes qui composent aujourd'hui les cantons de Néxon et de Pierre-Buffière (Haute-Vienne). Un des chefs de cette maison périt pendant la seconde croisade ; son armure et son épée furent rapportés au manoir de la famille, par deux de ses enfants qui l'avaient accompagné. On conserve encore au château de la Vergne cette épée en fer avec le fourreau du même métal, longue de six pieds, d'une légéreté remarquable et d'un travail assez délicat pour cette époque reculée. On voit sur la poignée, la garde et la lame, les emblêmes des croisés (des croix), presque effacés par la rouille. D'autres armures, en usage dans le moyen âge se voient encore au château de la Vergne et attestent l'ancienneté de cette famille.

En 1482, Jean d'Albret, Comte de Limoges et du Périgord, fondé du Roi de Navarre son père, vendit à Christophe de Bony les terre, châtellenie et seigneurie de Château-Cherois, pour la somme de trois mille livres tournois, pour le *récompenser*, dit le titre de cession, *de son courage et des pertes qu'il a essuyées en combattant pour son suzerain.*

La famille de Bony conserve précieusement plu-

---

* La famille de Lastours n'existe plus depuis plus de 150 ans. Les chefs de cette famille prenaient le titre de premier Baron du Limousin.

sieurs lettres adressées à Germain de Bony et à Jean de Bony son fils, par Henri IV, qui les remercie des services qu'ils ont rendus à la cause royale. Ces lettres sont pleines de cette bonté touchante et de ces expressions attachantes qui n'étaient propres qu'à ce bon Roi, et le faisaient aimer et servir avec un zèle qui ne se démentait jamais.

A la bataille de Fontenoy, un Bony, Cornette dans les mousquetaires de la garde, y fut tué. A la bataille de Rosbach, sur cinq frères de Bony, qui se trouvèrent à cette action, trois restèrent sur le champ de bataille, et notamment l'aîné, dont le mariage était sur le point de se faire avec mademoiselle de Joussineau de Tourdonnet, riche héritière de son voisinage.

On voit, par ce court aperçu, que la famille de Bony est toute militaire, et qu'un grand nombre de ses membres ont versé leur sang pour la patrie : leurs services ont constamment été désintéressés. Cette famille a d'ailleurs les plus belles alliances connues, les Salignac, Sainte-Maure, de Montausier, Torcy, Floirac, Latour, Bussy, Cardaillac, du Coudray, Montpensier, etc. Aux qualités chevaleresques la famille de Bony joignait une grande fidélité à ses princes légitimes. Ces sentiments, innés avec elle, sont encore dans le cœur de ses descendants.

Dès son origine, la famille de Bony possédait de grandes propriétés, et sa richesse s'accrut considérablement par ses alliances, et surtout par la faveur des

Rois de Navarre, à qui elle était particulièrement dévouée.

Pendant les croisades, les chefs de cette famille aliénèrent, pour aller en Terre-Sainte et défrayer les hommes d'armes qu'ils y entretenaient, une grande quantité de propriétés foncières, pour se procurer quelques *sols et deniers* comptants, en se réservant pour l'avenir, selon l'usage de ce temps-là, une légère rétribution en mesures de grains, ce qui se pratiquait à cette époque. Ce mode, usité par les croisés dans ces temps où la rareté des bras rendait la culture des terres impossible, assurait aux femmes et aux enfants des croisés une existence certaine, en même temps qu'il introduisait la première base de la propriété parmi les serfs et le peuple d'alors. Telle a été l'origine des rentes. L'injuste spoliation de ces rentes en 1791, sans compensation, quoiqu'il fût bien démontré par titres authentiques qu'elles n'étaient, dans l'origine, qu'une concession de fonds, fut une des causes les plus actives de la décadence de cette famille. Déjà, à cette époque désastreuse, cette maison ne possédait plus les grandes richesses que ses aïeux avaient autrefois possédées, cependant elle était encore au premier rang des grandes fortunes territoriales du pays. Les évènements révolutionnaires qui se succédèrent, après la chute du trône, au 10 août 1792, des malheurs de famille, qui tiennent presque tous à ces temps d'anarchie; plusieurs partages successifs ont achevé de détruire cette grande prospérité qui avait, dans les temps les plus reculés, fait la gloire et la considération de cette famille. Sa charité et les aumônes que sa grande fortune lui permettait de distribuer partout où il y avait des malheureux à secourir lui méritèrent les bénédictions des pauvres de la contrée. Avec une immense fortune, la maison de Bony se faisait encore remarquer par ses sentiments religieux et une grande piété; sentiments dont ses descendants se font encore gloire, modifiés toutefois par les nuances que les siècles ont apportées dans les mœurs, les lumières et la civilisation de notre époque.

Selon l'usage des temps anciens, lorsqu'un chef de cette famille était armé chevalier, il ne manquait pas de faire don à quelque communauté d'une rente perpétuelle, en se plaçant sous la protection de la Sainte-Vierge, par l'intercession des prières de la communauté, comme pour le protéger des dangers que sa nouvelle carrière allait lui faire courir. La pieuse coutume de cette maison est prouvée par une multitude de titres qui expliquent la grande quantité de rentes qu'elle payait encore, lorsque la révolution de 89 éclata, aux communautés de Limoges, Saint-Yrieix, et autres de la province. Toutes les églises et chapelles fondées par cette famille en Limousin, étaient toutes sous l'invocation de la Sainte-Vierge. Il en existe encore plusieurs servant à l'exercice du culte catholique.

En 1455, l'Evêque d'Angoulême était un Bony.

N° 1 Armes des Bony
N° 2 Armes des Couschoen dits de Goujon

Cette famille a fourni au clergé et à l'épiscopat plusieurs sujets d'une éminente vertu.

Une branche de la maison de Bony, établie en Picardie, est éteinte depuis long-temps. Cette branche de Picardie jeta des rejetons en Artois, qui se sont aussi éteints sans postérité. Le dernier rejeton mâle fut tué à la bataille d'Oudenarde.

On sait que la science du blason, ainsi que l'invention des armoiries, prirent naissance pendant les croisades. Ce fut aussi de la Terre-Sainte que les Bony rapportèrent les leurs ; elles sont pour ainsi dire parlantes, et attestent leur ancienne piété, leur charité et leur valeur.

Armes de la maison de Bony : *de gueules, à trois besants d'argent posés* 2 *et* 1 ; couronne *ducale* ; et pour supports, *deux anges, les ailes déployées.*

Devise : Bysantiis nummis pauperibus adest ; *ces besants sont le soutien des pauvres* ou *du faible.*

Le besant était une monnaie en usage dans l'empire grec, lorsque les premiers croisés y abordèrent, et tirait son nom de Bysance (nom primitif de Constantinople), et de ce nom on a fait besant par corruption.

La famille de Bony ne reconnaît d'autres parents ou descendants de son nom en France, que les branches qui sont établies dans la généalogie suivante :

I. Raimond de Boni, vivant en l'année 1218, ce qui est constaté par un acte authentique, duquel il résulte que ce Raimond de Boni fit donation de deux pièces de terre à Joannes Prator, moyennant trois setiers de seigle de rente à perpétuité et annuellement, pour ledit Raimond de Boni et ses descendants. Il prit dans l'acte la qualité de Chevalier et de Damoiseau. Il laissa pour fils et héritier :

II. Jean DE BONI, qualifié de *Nobilis* et de *Miles*, par acte de fondation de la communauté de Pierre-Buffière, de novembre 1276 ; il existait en l'année 1260, ce fait est prouvé par un acte du mois de novembre, audit an, collationné par autorité de justice, le 1ᵉʳ d'août 1662, signé Brugière, Lieutenant-Général, duquel il résulte que ce Jean de Boni fit donation aux prêtres de la communauté de Sainte-Croix de Pierre-Buffière de vingt setiers de blé de rente. Il fut marié avec Yolande de Vassan. Il eut pour fils et héritier :

III. Faucher DE BONI, qui existait en 1344 et a vécu jusqu'en l'année 1409. Il fut marié en premières noces avec Isabeau de la Brosse de la Vergne, et en secondes noces à Hélie de Saint-Hilaire. Ces faits sont prouvés, ainsi que sa qualité de *Damoiseau*: 1° par un contrat de rente d'un setier, qui lui fut consenti par Gérald Maulsa, le mercredi après la fête de la décollation de saint Jean-Baptiste, l'an 1344, par contrat signé Joannes Lavilla ; 2° par un contrat d'acencement consenti par ledit Faucher de Boni, Damoiseau, et Isabelle de la Brosse de la

Vergne, son épouse, en faveur de Bernard et Jean Lacorderie et Martial Las-Écurus, du lieu de la Borderie, paroisse de Saint-Priest-Ligoure; le dimanche de la fête de la Circoncision de Notre Seigneur, l'an 1356; 3° par une reconnaissance consentie en faveur du même Faucher de Boni, Damoiseau, le 11 mai 1375, par Pierre Salve, de la quantité de deux septiers de froment, et dix sous de cens et rente sur le lieu de la Court, paroisse de Saint-Priest-Ligoure; 4° par un autre contrat de mariage d'entre ledit Faucher de Boni, Damoiseau, Seigneur de la Vergne, avec dame Hélie de Saint-Hilaire, son épouse en secondes noces, sous la date du 30 octobre 1401, *signé* Géraldus de Prator, Cléricus: et c'est de cette époque que la maison de Boni a pris le nom de la Vergne; 5° par un autre contrat de mariage de noble homme de Pétragor, Seigneur de Chalucet, avac damoiselle Marguerite de Boni, fille de Faucher de Boni, Damoiseau, sous la date du 13 de novembre 1399; finalement, par le contrat de mariage d'entre noble Jourdain de Meillac, Seigneur dudit lieu, avec Agnès de Boni, fille de noble Faucher de Boni, seigneur de la Vergne, sous la date du 4 de juin 1409, passé devant Géraldus Prator, Cléricus. Faucher de Boni laissa pour fils :

IV. Jean DE BONI DE LA VERGNE, vivant aux années 1409 et 1458, ce qui est constaté : 1° par un contrat de vente de deux setiers de seigle et cinq d'argent de rente, consenti par Jean Viale en faveur dudit Jean de Boni, Seigneur de la Vergne, en qualité de fils et fondé de procuration de noble Faucher de Boni, Seigneur de la Vergne, sous la date du dernier juin 1429, *signé* de Rupe, et ledit acte *signé* Fournaud, par signification, le 6 février 1776; 2° par un jugement rendu contradictoirement en la juridiction de Château-Cherois, le 12 de mai 1424, entre ledit noble Jean de Boni, Damoiseau, et le Roi de Navarre, *signé* Mielserelis ; 3° par une déclaration judicielle faite avec le Roi de Navarre et ledit Jean de Boni, par laquelle il est qualifié de noble et fils de Faucher de Boni, Seigneur de la Vergne. Cet acte est du 6 septembre 1458, et *signé* Brunetti. Il laissa pour fils :

V. Christophe DE BONI, Seigneur de la Vergne, qui existait en l'an 1445, et a vécu jusqu'en l'année 1485. Ces faits sont prouvés : 1° par son contrat de mariage avec noble demoiselle Antoinette de Cotel, sous la date du 5 septembre 1445, *signé* Petrus de la Villa, Presbiter ; 2° par le contrat de mariage de noble damoiselle Jeanne de Boni de la Vergne, sa fille, avec noble Jacques de Pellet, Damoiseau, de la ville de Donzenac, sous la date du 19 novembre 1472, *signé* Régis Clericus; 3° par le contrat de rente de trois setiers et demi de froment, consenti par Jean de Ventaux en faveur dudit noble Christophe de Bony, Seigneur de la Vergne, le 7 de juin 1485, par devant Bruneti. Il laissa pour fils :

**VI.** Pierre DE BONI, Seigneur de la Vergne et de Saint-Priest-Ligoure, fut marié avec demoiselle Marguerite de Tranchillon ; * il existait en l'an 1465 et a vécu jusques en l'an 1492, ce qui est constaté : 1° par un contrat d'hommage et main-levée de fruits saisis faute d'icelui, qui fut fait judiciairement, le 23 décembre 1465, en faveur de noble Christophe de Boni, fils et héritier de Jean, en qualité de père et légitime administrateur de noble Pierre de Boni, leur fils et petit-fils, cet acte est signé Bruneti ; 2° par un contrat de vente de plusieurs fonds, cens, rentes, justice et autres droits et devoirs seigneuriaux, consenti par Jean, Roi de Navarre, Comte de Périgord et Vicomte de Limoges, en faveur de noble Pierre de Boni, Damoiseau, comme fils et fondé de procuration de noble Christophe de Bony, Damoiseau, Seigneur de la Vergne, sous la date du 20 novembre 1487, *signé* Tinan et Chárconico ; 3° par un autre contrat de vente, consenti par Étienne Teixier de la Ribierre, en faveur de noble Christophe de Bony, Damoiseau, Seigneur de la Vergne, le 31 mai 1488, par devant de Curte, duquel il résulte que noble Pierre de Bony était fils dudit Christophe ; 4° par autre contrat de vente consenti par Jean Texier de la Ribierre, en faveur de noble Pierre de Bony, Seigneur de la Vergne et de Saint-Priest-Ligoure, fils de noble Christophe de Bony, Seigneur dudit lieu, le 10 mai 1492, par devant Montignac. Il eut pour fils :

* Corruption de Tranchelion, ainsi qu'il est écrit dans les anciens documents.

VII. Albert DE BONY, Seigneur de la Vergne, de Saint-Priest-Ligoure, des Chapelles, de Janailhac, Châteaux-Chérois et autres lieux, fut marié avec noble Louise de Lastours. Il existait en l'an 1507, et a vécu jusques en l'an 1541. Tous ces faits sont établis : 1° par le testament de noble Pierre de Bony, Seigneur de la Vergne, du 15 avril 1507, reçu par de Malvergue, par lequel ledit Pierre de Bony institue noble Albert de Bony de la Vergne pour son héritier universel ; 2° par le contrat consenti par ledit noble Albert de la Vergne, du consentement de noble Dame de Tranchillon, sa mère, et Louise de Lastours, son épouse, en faveur d'Étienne Ribierre, marchand de Saint-Yrieix, le 13 décembre 1526, par devant Pagnon, et collationné par autorité de justice, le 6 avril 1549; 3° par un contrat d'acencement, consenti par ledit noble Albert de Bony, Écuyer, Seigneur de la Vergne et des Chapelles, en faveur de Martial Payrat, d'un jardin au bourg de Saint-Priest-Ligoure, le 14 juillet 1541, par devant Claude, Tabellion.; 4° par l'acte de foi et hommage rendu au Roi de Navarre par ledit noble Albert de la Vergne, le 20 octobre 1541, par devant Bruneti, suivant lequel il est qualifié d'Écuyer, noble et puissant Seigneur dudit lieu.

C'est de cette époque que l'on commence à remarquer un *y* au lieu d'un *i*, dans les titres et le nom de cette famille. Il laissa pour fils :

VIII. Germain DE BONY DE LA VERGNE, Écuyer, Seigneur dudit lieu, fut marié avec noble demoiselle Jeanne du Mureau ; il existait en l'an 1571 et a vécu jusques en l'an 1584 ; ce qui est prouvé : 1° par le contrat de mariage dudit noble Germain de Bony de la Vergne, Écuyer, Seigneur dudit lieu, avec demoiselle Jeanne du Mureau, sous la date du 26 novembre 1571, reçu par Bourseix. Il est à remarquer qu'il n'a pas dit le nom de son père, mais ce défaut est suppléé par l'acte qui suit ; 2° par une transaction du 1er mai 1551, passée entre nobles Jean, Germain et François de la Vergne frères, Écuyers, fils de feu noble Albert et petit-fils de Pierre, qui portaient l'un et l'autre le nom de Bony : cet acte est reçu par Blanchard et Rousseau, et collationné par le Président d'Aguesseau, au mois de décembre 1667, lors de la vérification de la noblesse ; 3° par l'acte de ratification que fit demoiselle du Puichaut, veuve de Messire Jean du Mureau, du contrat de mariage de demoiselle Jeanne du Mureau, sa fille, avec noble Germain de la Vergne, Écuyer, Seigneur dudit lieu, le 16 septembre 1572, par devant Mouret, Notaire royal ; 4° par une quittance donnée audit noble Germain de la Vergne, Écuyer, Seigneur dudit lieu et de Saint-Priest-Ligoure, au nom et comme légitime administrateur de Jean de la Vergne, son fils, héritier universel d'autre Jean de la Vergne, leur frère et oncle, par noble Guillaume de Ruzac, Écuyer, Seigneur dudit lieu, le 7 mars 1584, par devant Constant, notaire royal. Il laissa pour fils :

IX. Jean de Bony de la Vergne, Écuyer, Seigneur dudit lieu, troisième du nom, épousa demoiselle Anne de Salagnac. Il existait en l'an 1608 et a vécu jusques en l'an 1621, ce qui est prouvé : 1° par son contrat de mariage en secondes noces avec dame Anne de Salagnac, fille de Messire François de Salagnac, Seigneur de Rochefort, et de dame Louise de Sainte-Maure, du 19 avril 1608, signé Roche, notaire royal, par lequel est qualifié de haut et puissant Seigneur Jean de la Vergne, Seigneur de Saint-Priest-Ligoure et autres places, fils légitime de noble Germain de la Vergne, Seigneur dudit lieu, et de demoiselle noble Jeanne du Mureau; 2° par une transaction passée entre ledit Messire Jean de la Vergne, troisième du nom, Écuyer, Seigneur dudit lieu, et Gaston de la Martonnie, son beau-frère, le 6 mai 1608, par devant Jayac, notaire royal; 3° par une enquête et procès-verbal, faits judiciairement, de l'incendie du château de la Vergne, meubles et papiers qui s'y trouvèrent, le 23 décembre 1620, par le juge ordinaire de Saint-Priest-Ligoure, à la requête dudit Jean de Lavergne, Écuyer, Seigneur dudit lieu, signé à l'expédition de Villesourde, greffier; 4° par le testament dudit Messire Jean de la Vergne, Écuyer, Seigneur dudit lieu, suivant lequel il institue, pour son héritier universel, Charles de la Vergne, son fils, et de la dame de Salagnac, son épouse, et, en cas de mort sans enfants légitimes, lui substitue le posthume, dont il déclare sa femme enceinte. Cet acte est du 26 juin 1621, et signé à la suscription Sibilleaud, notaire royal. Il laissa les enfants qui suivent :

1° Charles, qui a continué la branche aînée, et dont l'article suit ;

2° Raimond de Bony de la Vergne qui a formé la deuxième branche, rapportée page 33.

X. Charles DE BONY DE LA VERGNE, Chevalier, Seigneur dudit lieu, de Saint-Priest-Ligoure, Ladignac * et autres lieux ; il existait en l'an 1638, et a vécu jusqu'à 1682 ; il fut marié en premières noces avec demoiselle Barbe de Maledent ; et en secondes noces, avec demoiselle Marie de Malesset, ce qui est attesté : 1° par son contrat de mariage avec demoiselle Barbe de Maledent, sous la date du 3 octobre 1638, reçu par Dorfeuille ; 2° par le contrat de mariage de Messire Annet-Fleurant de Bony, Marquis de la Vergne, son fils, avec dame Aimée du Vignaud des Egaux, sous la date du 2 de mars 1656, signé Cheiron, notaire ; 3° par un arrêt rendu en la Cour des aides de Paris, entre ledit Messire Charles de Bony de la Vergne, Françoise Émerie et le Procureur-Général du Roi, qui déclare ledit Charles de Bony

---

* Dans la statistique du département de la Haute-Vienne on lit : Ladignac à 3 lieues de St.-Yrieix : population 2,600 habitants. La maison de Bony, très-ancienne dans le Limousin, y possédait un château-fort. Les ligueurs s'en saisirent en 1590 : mais le vicomte de Ventadour le reprit ensuite après un siége long et meurtrier.

de-la Vergne noble de noble race, et lui enjoint de signer à l'avenir le nom de Bony devant celui de la Vergne : cet arrêt est du 4 mai 1665, et est signé Boucher ; 4° par le testament dudit Messire de Bony, Marquis de la Vergne, sous la date du 3 août 1682, signé Baju, notaire royal.

Il est bon d'observer ici que Germain de Bony, fils d'Albert ; Jean de Bony, III<sup>e</sup> du nom, fils de Germain; Charles et Raymond de Bony, enfants de Jean de Bony, III<sup>e</sup> du nom, ne prenaient que le nom de la Vergne dans les différents actes qu'ils passaient; mais il n'en est pas moins vrai de dire que leur véritable nom était celui de Bony, parce qu'il est établi, par les différents actes produits, qu'ils descendaient tous en ligne directe d'Albert de Bony, fils de Pierre, et que cette vérité est établie par l'arrêt de la Cour des aides, de 1665, qui enjoint à Charles de Bony de signer à l'avenir le nom de Bony ; et étant ainsi prouvé que son véritable nom était Bony, il s'ensuit nécessairement que Raimond, son frère germain, dont il est parlé comme chef de la seconde branche, portait également le nom de Bony.

Procès-verbal, jugement et approbation des titres, preuves, documents, inventaires et généalogie produits par MM. Charles de Bony de la Vergne et Annet-Fleurant de Bony de la Vergne, son fils, Seigneurs, Marquis de la Vergne, Ecuyers, Seigneurs, Marquis de Sadignac, Chaussigny, etc., par devant M. d'Aguesseau, Chevalier, Conseiller du Roi en ses conseils,

Maître des requêtes ordinaire du Roi, Président au grand Conseil et Commissaire départi et délégué pour la recherche des nobles en la généralité du Limousin, lequel, après examen fait des titres, documents et actes déposés, a approuvé la susdite généalogie. L'approbation et procès-verbal à ce sujet sont du 17 décembre 1667, signé d'Aguesseau, paraphé du Gabaud, à Limoges.

Copie collationnée a été dressée par M. Roulhiac, Secrétaire du Roi, Maison, Couronne de France, signé Lefebure et Roulhiac, en date du 18 février 1668.

Charles de Bony laissa pour fils :

XI. Annet-Fleurant DE BONY, Chevalier, Seigneur, Marquis de la Vergne, marié avec dame Aimée du Vignaud des Egaux, de laquelle il laissa pour fille unique et héritière :

Marie-Charlotte de Bony de la Vergne, qui épousa, le 12 novembre 1691, Nicolas de Bony, Marquis de la Vergne, son cousin-germain, dont il est question page 35.

### Seconde branche.

*Cette branche hérite de la première.*

X. Raimond DE BONY DE LA VERGNE, Chevalier, Seigneur de Ladignac, fils puîné et posthume de messire Jean de Bony de la Vergne, III$^e$ du nom, et dame Anne de Salagnac, était frère germain de

Charles de Bony de la Vergne, et appelé à la substitution que Jean de Bony de la Vergne, leur père, avait apposé à son testament; il fut marié avec dame Anne de Torsi. Ce degré se justifie : 1° par l'acte de tutelle de dame Anne de Salagnac, de ses enfants et de feu Messire Jean de la Vergne, son mari et leur père, sous la date du 26 janvier 1623, signé à l'expédition Tardiu, greffier-commis; 2° par une sentence arbitrale, et transaction faite entre haute et puissante dame Anne de Salagnac, dame de la Vergne, au nom et comme mère et tutrice et légitime administratrice de ses enfants, et de feu Messire Jean de Bony de la Vergne, son mari, Ecuyer, Seigneur dudit lieu; et de Messire Gaston de la Martonnie, Seigneur de Tranchillon, Tourdonnet et autres lieux, au nom de dame Jeanne de la Vergne, son épouse, sous la date du 28 août 1628, signé de Godeau, notaire royal; 3° par le contrat de mariage dudit Messire Raimond de Bony de la Vergne, Sieur de Ladignac, fils de défunt Messire Bony de la Vergne, Marquis dudit lieu, et de dame Anne de Salagnac, avec dame Anne de Torsi, sous la date du 7 octobre 1657, signé Levasseur et de Bauvais; 4° par le certificat donné audit Messire Nicolas de Bony de la Vergne, Enseigne des gardes de Monseigneur le Prince, fils dudit Messire Raimond de Bony, Chevalier, Seigneur de Ladignac et de Chaussigny, et de dame Anne de Torsi, du 13 mars 1692, signé Henri et Laugé, notaires au Châtelet; 5° par les extraits mortuaires dudit Messire Raimond de Bony de la Vergne, Seigneur de Chaussigny (Bourgogne), et de dame Anne de Torsi, son épouse, sous la date du 27 mars 1682, signé Compain, Curé de Saint-Léger, et légalisé le même jour par M. Garnier, vice-gérant de l'officialité du diocèse d'Autun. Il laissa les enfants qui suivent :

1° Nicolas de Bony, dont l'article viendra ;

2° Jean-François de Bony, Marquis de la Vergne, Major de cavalerie, Grand-Chambellan du Duc de Lorraine et de Bar, auprès duquel il s'était retiré après avoir servi en Italie et en Hollande. Il mourut à Malines, et y fut enterré dans l'église des grands carmes, au côté gauche du grand-autel, où l'on voit encore son tombeau. Il laissa une fille unique, qui suit :

A. Antoinette de Bony de la Vergne, mariée à Ferdinand-Ernest de Goujon, autrefois Gouschœn, Seigneur de Mohimont, Gredde, etc., Grand-Prévôt de Boulay, en Lorraine ; de ce mariage vint Madeleine-Hyacinthe de Goujon, qui épousa son cousin Jean-Alexandre, Comte de Bony, chef de la troisième branche, rapporté page 41.

XI. Nicolas de Bony de la Vergne, Chevalier, Seigneur et Marquis de la Vergne, Seigneur de Chaussigny, Gentilhomme de la vénerie de Monsieur le Prince, Enseigne de ses gardes et Aide-de-camp de

3*

Mgr. le Dauphin; il fut admis aux États de Bourgogne en vertu de l'acte de reconnaissance de sa noblesse d'ancienne extraction, rendu par les commissaires de la chambre de la noblesse, le 10 mars 1680; il épousa Marie-Charlotte de Bony, sa cousine-germaine, dont il est question page 31, héritière de la branche aînée. Les actes qui prouvent ce degré sont :

1° La commission de Gentilhomme de la vénerie de Monseigneur le Prince, à lui donnée le 10 octobre 1684; 2° la bulle ou dispense de la Cour de Rome, sous la date des nones de février 1691, qui permet et autorise son mariage avec la demoiselle Marie-Charlotte de Bony de la Vergne, sa cousine; 3° son contrat de mariage avec ladite Marie-Charlotte de Bony de la Vergne, * sous la date du 12 novembre

---

* A ce mariage assistèrent et signèrent :

Très-haut, très-excellent et puissant Prince Monseigneur Henri-Jules de Bourbon, Prince de Condé, Prince du sang, Pair et Grand-Maître de France, Duc d'Enghuien et de Châteauroux, Gouverneur et Lieutenant-Général pour le Roi en ses provinces de Bourgogne et de Bresse; très-haute, très-excellente et puissante Princesse Madame Anne-Benedicte de Bavière, épouse de Monseigneur; très-haut, très-excellent et puissant Prince Monseigneur Louis, Duc de Bourbon, Prince du sang, Pair et Grand-Maître de France, Gouverneur et Lieutenant-Général pour le Roi en ses provinces de Bourgogne et Bresse; très-haute, très-excellente et puissante Princesse Madame Louise-Françoise de Bourbon légitime de France, épouse de mondit Seigneur le Duc; très-haut, très-excellent et puissant Prince Monseigneur François-Louis de Bourbon, Prince de

1691, signé Henry et Laugé; notaires au Châtelet; 4° la commission d'Aide-de-Camp de Mgr. le Dauphin, qui lui fut donnée le dernier avril 1692; 5° l'hommage qu'il rendit au Roi, suivant l'ordonnance du bureau des finances de Limoges, le 30 août 1701; 6° l'arrêt rendu au Conseil-d'État privé du Roi, entre lui, dame Marie-Charlotte de Bony de la Vergne, son épouse, et dame Marie-Aimée du Vignaud des Égaux, leur mère et belle-mère, le 7 août 1702. Il laissa de son mariage :

XII. François DE BONY DE LA VERGNE, Chevalier, Seigneur, Marquis dudit lieu et autres places, Capitaine de dragons au régiment de Bonnelles, et dans la suite d'Erménouville; il épousa Marie-Louise de Creuzenet, fille de Messire Pierre de Creuzenet de Brugnac, Chevalier, Seigneur des Farges, Brigadier de la seconde compagnie des mousquetaires de la garde du Roi. Ce degré se justifie :

1° Par son extrait de baptême, du 17 juin 1703, le 17 septembre 1777; 2° par son contrat de mariage

Conty, Prince du sang, Pair de France; très-haute, très-excellente et puissante Princesse Marie-Thérèse de Bourbon, épouse de mondit Seigneur; Mesdemoiselles Anne-Louise et Louise-Benedicte de Bourbon, Princesses du sang, filles de mesdits Seigneur et Dame Prince et Princesse de Condé, etc.; Madame la Marquise Ducoudray-Montpensier, cousine de la future épouse Marie-Charlotte de Bony de la Vergne, qui épouse son cousin-germain Nicolas de Bony, Marquis de la Vergne.

avec ladite dame Marie-Louise de Creuzenet, sous la date du 21 décembre 1728; 3° par la commission de Capitaine de dragons au régiment de Bonnelles, qui lui fut accordée le 3 décembre 1723; 4° par l'acte de foi et hommage qu'il rendit au Roi le 26 mai 1756; 5° par son testament du 25 mars 1761, suivant lequel il institue Messire Jean de Bony, son fils aîné, pour son héritier universel, à charge de substitution dans le cas où il décéderait sans enfants mâles; 6° par l'enquête faite par-devant M. le Lieutenant-Général au Sénéchal de Limoges, le 5 mars 1779, de laquelle il résulte que ce François de Bony est la même personne, le même individu, que celui qui, dans plusieurs actes, avait pris le nom de François-Léonard de Bony. Il laissa les enfants qui suivent :

1° Gratien-Yrieix de Bony, Page du Roi, puis Mousquetaire, mort à l'armée, en 1761, sans postérité;

2° Jean de Bony, dont l'article suivra;

3° Jean-Alexandre de Bony, qui a formé la 3ᵉ branche, rapportée page 41;

4° Jean-Vincent de Bony, Chanoine à Sens, décédé Vicaire-général du diocèse de Bazas;

5° Pierre-Louis de Bony, Lieutenant au régiment de Poitou, tué à la bataille de Minden, sans postérité;

6° Jean-Léandre de Bony, qui a formé la 6ᵉ branche, rapportée page 43;

7° Marie-Charlotte de Bony, mariée à Messire

Charles de Grandsaigne, Chevalier, Seigneur de Fréval;

8° Gabrielle de Bony, mariée à Jean-Guillaume de Déshors, Chevalier, Seigneur de la Piccacerie;

9° Anne de Bony, religieuse à l'abbaye des Allois de Limoges;

10° Anne-Flavie de Bony, religieuse à l'abbaye des Junies, en Quercy.

XIII. Jean DE BONY DE LA VERGNE, IV<sup>e</sup> du nom, Seigneur de Saint-Priest-Ligoure, Marquis de la Vergne, Comte des Égaux, Seigneur des Billauges, les Chapelles, le Breuil, Farges et autres lieux, a épousé : 1° Marie-Florimonde de Cléry de Céran; 2° Marie-Françoise de la Grange-Gourdon de Floirac, fille de haut et puissant Seigneur Jean-Jacques de la Grange-Gourdon, Chevalier et Comte de Floirac, et de dame Marie-Jacquette de Ségui de Perigat. Ce degré se justifie : 1° par le testament de Messire François de Bony de la Vergne, son père; 2° par extrait baptistaire du 22 mai 1733, légalisé le 12 novembre 1772.

Il fut présenté à la Cour et eut l'honneur de monter dans les carrosses du Roi, en 1776, après ses preuves faites par M. Chérin. Il a laissé de son second mariage les enfants qui suivent :

1° Louise de Bony, mariée à M. Gratien de Cardaillac, son cousin;

2° Marie-Jacquette-Catherine de Bony, mariée

à M. Melchior de Brie, Officier de marine et Chevalier de Malte;

3° Jean-Léandre-Claire, dont l'article suivra;

4° Joseph de Bony de la Vergne, qui forme la 4ᵉ branche, rapportée page 43.

5° Emmanuel-Marc-Antoine de Bony de la Vergne, décédé sans postérité;

6ᵉ Marie-Anne-Pétronille de Bony de la Vergne, mariée avec M. Marie-Auguste de Cardaillac, Chef de bataillon dans le 1ᵉʳ régiment d'infanterie de la garde royale de Louis XVIII;

7° Jean-François de Bony de la Vergne, qui a formé la 5ᵉ branche, rapportée page 43.

XIV. Jean-Léandre-Claire de Bony, Marquis de la Vergne, a épousé, le 3 septembre 1806, mademoiselle Marie-Caroline de Plas, fille du Marquis Gui-Charles de Plas et de dame Magdeleine de Guiscard. De ce mariage sont issus :

1° Antoine-Réné-Adrien de Bony, non marié;

2° Marie-Magdeleine-Anaïs de Bony, mariée, le 25 juin 1832, à M. Paul de la Bochélerie;

3° Jeanne-Stéphanie-Amélie de Bony;

4° Anne-Pétronille-Louise de Bony;

5° Marie-Alexandrine de Bony;

6° Antoine-Joseph-Charles de Bony, non marié;

7° Jeanne-Honorine de Bony;

8° Marie de Bony.

Troisième branche.

XIII. Jean-Alexandre, Comte DE BONY DE LA VERGNE, troisième fils de François de Bony, Marquis de la Vergne, et de dame Marie-Louise de Creuzenet, est entré de bonne heure au service dans l'artillerie. Il passa dans le génie à la séparation des deux corps, et fit ses études à Mézières. Il fut ensuite employé à l'armée, fit plusieurs campagnes et reçut continuellement des témoignages de satisfaction de la Cour pour ses nombreux travaux, lesquels abrégèrent ses jours. C'était un Officier bien fait de sa personne, homme d'esprit, distingué dans son arme, et qui a laissé d'excellents mémoires sur différentes places, soit pour l'attaque, soit pour la défense. Il est mort fort jeune au service, déjà avancé en grade, Chevalier de Saint-Louis et des premiers Capitaines au corps royal du génie. Il épousa, en 1770, sa cousine, demoiselle Magdeleine-Hyacinthe, fille de Messire Ferdinand-Ernest de Goujon (autrefois de Gouschœn), ancien Officier, Seigneur de Mohimont, Gredde, Manbourg, Soyères, Grand-Prévôt de la prévôté de Boulay, et de demoiselle Antoinette de Bony de la Vergne, dont il a été question page 35. Il laissa de ce mariage :

XIV. Ferdinand-Ernest-Alexandre, Comte DE BONY DE LA VERGNE, Capitaine au corps royal du génie, Seigneur de Hatrise, d'Aumont et autres lieux, qui a épousé demoiselle Anne-Adrienne-Blaise de

Roserieulle, fille de Messire Charles-Adrien-Blaise de Roserieulle; ancien Officier de Mousquetaires du Roi, puis Conseiller au Parlement de Metz, et de dame Françoise de Chélaincourt. De ce mariage sont nés :

1° Anne-Louise-Reine de Bony de la Vergne, qui a épousé M. Jean-Baptiste-Eugène-Auricoste de Lazarque, aujourd'hui Chef d'escadron d'artillerie à cheval, Chevalier de Saint-Louis et de la Légion-d'Honneur, dont elle a eu deux enfants;

2° Françoise-Adèle de Bony, qui a épousé M. Victor-Philippe-Auguste-Walburge-Joseph, Baron d'Huart, Capitaine aux chasseurs de la garde royale, Chevalier de Saint-Ferdinand d'Espagne et de la Légion-d'Honneur, dont trois enfants.

## Quatrième branche.

XIV. Joseph DE BONY DE LA VERGNE, deuxième fils de Jean, IV$^e$ du nom, et de Marie-Françoise de la Grange-Gourdon de Floirac, a épousé mademoiselle Alexandrine de Maulmont du Chalard, fille de M. Nicolas de Maulmont du Chalard et de N..... de Sainte-Fer. Il est né de ce mariage les enfants qui suivent :

1° Jean-Alexandre de Bony ;
2° Jean-Marc de Bony ;
3° Anatole de Bony, décédé ;
4° Albert de Bony ;
5° Joséphine de Bony ;
6° Mathilde de Bony.

## Cinquième branche.

XIV. Jean-François DE BONY, troisième fils de Jean IV et de Marie-Françoise la Grange-Gourdon de Floirac, a épousé Alexandrine de la Scelle, fille de M. le Marquis de la Scelle et de dame Barton de Montbas. De ce mariage sont issus :

1° Louis de Bony, non marié ;
2° Paul de Bony, non marié ;
3° Antoinette-Luce de Bony ;
4° Marie de Bony ;
5° Anna de Bony ;
6° Anna de Bony.

Sixième branche.

XIII. Jean—Léandre DE BONY DE LA VERGNE, sixième enfant de François de Bony, Marquis de la Vergne, et de dame Marie-Louise de Creuzenet, fut Capitaine Commandant au régiment de Poitou, Chevalier de Saint-Louis ; après avoir servi long-temps, il s'établit dans le pays des Trois-Evêchés (Lorraine), où il épousa demoiselle Anne-Marguerite de Bécari, fille de M. de Bécari, Lieutenant-Colonel aux grenadiers royaux de France, Chevalier de Saint-Louis et Seigneur de Cooume. De ce mariage sont nés :

1° Le Comte de Bony de la Vergne, Colonel du 12ᵉ régiment de chasseurs, Chevalier de Saint-Louis et de la Légion-d'Honneur, et de Saint-Ferdinand d'Espagne, décédé sans postérité ;

2° Le Chevalier de Bony de la Vergne, dont l'article suivra ;

3° Charlotte de Bony, qui a épousé M. le Maréchal-de-Camp Baron de Faultrier, Chevalier de Saint-Louis et de la Légion-d'Honneur, décédé en 1833 : il n'y a pas d'enfants de ce mariage ;

4° Marie-Anne de Bony, mariée, en 1806, à M. du Tronçay, Capitaine de cavalerie, Chevalier de Saint-Louis, dont un fils ;

5° Ernestine de Bony, qui a pris le voile au

monastère des dames du Saint-Sépulcre, à Charleville.

XIV. Le Chevalier DE BONY DE LA VERGNE, Capitaine d'infanterie, Chevalier de Saint-Louis et de la Légion-d'Honneur, qui a épousé Amélie, baronne de Ende, fille de son excellence M. Henry-Ferdinand, Baron de Ende, Ministre en Saxe et Conseiller intime et Président du Consistoire de Son Altesse Monseigneur le Duc de Saxe-Gotha, résident à Altenbourg, en Saxe, et de dame Hedvidge-Jeanne-Chrétienne Davernon-Letta. De ce mariage est né :

N..... de Bony de la Vergne.

# NOTICE

*Sur la famille des Gouschœn, dits de Goujon, alliés à la branche de Lorraine de la Maison de Bony dont ils font la souche maternelle.*

---

Les DE GOUJON, dont il est ici question, sont d'origine allemande : leur nom est Gouschœn. C'est par corruption et on ne sait à quelle époque précise, que ce nom a été francisé et changé en celui de Goujon.

Quoiqu'il en soit, un de ces Gouschœn, Officier dans l'armée de Charles-Quint lors du siége de Metz, tomba malade de la dyssenterie, et fut recueilli par un seigneur dont le château était situé dans la plaine de Thionville. Il y resta jusqu'à guérison. Pendant cet intervalle il s'éprit de la fille de son hôte, qui accueillit ses vœux. Il retourna donc en Allemagne afin d'obtenir de ses père et mère l'agrément pour cette union. Mais ses parents ayant embrassé la religion réformée, ne voulurent point consentir à cette alliance. Il s'ensuivit beaucoup de tracas. Ce ne fut qu'après la mort des auteurs de ses jours qu'il put effectuer son mariage. Il s'établit alors entre les villes de Thionville et de Luxembourg.

Il faudrait de très-grandes recherches pour établir l'ancienne généalogie de la maison de Gouschœn, attendu que ceux qui sont venus en Lorraine n'étaient pas les aînés de la famille. La plupart des titres anciens que ceux-ci possédaient, écrits en allemand ou latin, ont été perdus par la négligence du vénérable dom Calmet. Dans le temps que ce savant bénédictin rédigeait ses notices sur les villes de Lorraine, il vint pour avoir des renseignements chez M. Ferdinand-Ernest de Goujon, avec lequel il était fort lié, et qui était alors Grand-Prévôt de la prévôté de Boulay. Il le pria de lui communiquer ses anciens titres et documents qu'il emporta, promettant de les lui renvoyer sous peu. Mais dom Calmet étant venu à décéder, ses papiers passèrent entre les mains d'un Bénédictin son continuateur qui, les confondant avec beaucoup d'autres, les remit aux archives de Lorraine. Puis à la réunion de la Lorraine à la France, ces titres avec beaucoup d'autres documents, furent envoyés aux chancelleries de Vienne.

Ainsi jusque vers le quinzième siècle, on ne peut présenter qu'une nomenclature des six générations que l'on sait avoir précédées, ainsi qu'il suit ;

SAVOIR :

1$^{er}$.

Honorius de Gouschœn.

2$^{e}$.

Ernest de Gouschœn.

3$^{e}$.

Lothaire de Gouschœn.

### 4ᵉ.

Pierre-Antoine de Gouschœn.

### 5ᵉ.

Philippe-Albert de Gouschœn.

### 6ᵉ.

Charles-Arnouldt de Gouschœn, Officier au service de leurs Majestés catholiques Ferdinand et Isabelle.

Tous furent militaires.

Ici la généalogie s'éclaircit par les documents qui restent.

### 7ᵉ.

#### Vers 1500.

Henri DE GOUSCHŒN, Capitaine au service de leurs Majestés Catholiques, Seigneur de Gredde, Mohimont, Marsbourg, marié à demoiselle Booz, fille de Martin de Booz, aussi Capitaine au service de leurs Majestés catholiques. De ce mariage est issu :

### 8ᵉ.

#### Vers 1600.

Jacques DE GOUJON, fils du précédent, Seigneur de Mohimont, Gredde, Soyeres et Marsbourg, Capitaine au régiment de Fromberg, marié à demoiselle Marie de Pernet, fille de M. de Pernet, Commissaire-général des troupes du Duc Charles IV de Lorraine, et de demoiselle Funck, fille du Colonel Funck. De ce mariage est issu :

### 9ᵉ.
### Vers 1630.

Nicolas DE GOUJON, fils du précédent, Capitaine Commandant de cavalerie, Seigneur de Mohimont, Gredde, Marsbourg et Soyeres, tué à la bataille de Consarbruck, vers 1675. Il épousa noble demoiselle Marie-Elisabeth de Notten de Mastrich.

De ce mariage sont issus treize enfants, dont un seul faisant le degré suivant, a survécu,

SAVOIR :

1° Jacques de Goujon l'aîné, Lieutenant de cavalerie, tué à la bataille de Montcassel ;

2° Charles de Goujon de Marsbourg, Lieutenant, tué à la bataille de Senef ;

3° Jean-Philippe de Goujon de Soyeres, Commandant de grenadiers dans le régiment du Maine, tué à la bataille de Nerwinde, vers 1693.

Les autres sont morts en bas âge, à l'exception de François de Goujon qui fait le degré suivant.

### Sur Nicolas de Goujon.

Nicolas de Goujon, qui fait le degré ci-dessus, fut un vrai paladin, toute sa vie sous les armes. Il se distingua dans toutes les circonstances, notamment à l'attaque de Chambourg, dont il fut chargé ; ainsi qu'à la défense de Vaudrevange où il fit échouer le Maréchal de La Ferté ; et enfin à la bataille de Consarbruck, où il périt glorieusement en chargeant l'ennemi à la tête d'une division de cavalerie. Quatre de ses enfants avaient embrassé l'état militaire à l'exemple de leur père. Trois périrent sur le champ de bataille, et le quatrième, faisant le degré suivant, plusieurs fois blessé, n'échappa que par un grand bonheur.

### 10ᵉ degré.

### Vers 1658.

Jean-François DE GOUJON, quatrième fils du précédent, et de demoiselle Anne-Isabelle de Notten, Seigneur de Mohimont, Gredde, Marsbourg et Soyères, Grand-Prévôt haut-justicier de Siersberg, du Sargaw et de Boulay, Lieutenant au régiment du Maine, épousa noble demoiselle Elisabeth de Croonders.

Jean-François de Goujon entra de bonne heure au service comme ses frères. Il fit quinze campagnes et fut blessé dangereusement à la prise de Puycerda en Catalogne. Il eut le bonheur de guérir et d'échapper au sort de ses frères. Il fit encore une campagne, puis étant à Cazal dans le Montferrat, il obtint sa retraite et, par suite, vint occuper les emplois de son beau-père.

M. de Goujon, pourvu de la grande Prévôté de Siersberg et du Sargaw, la céda au Baron de Haën de Burguesch : il eut celle de Boulay plus agréable ;

mais infiniment plus dispendieuse, surtout à cette époque où il y eut de grands mouvements de troupes, ce qui exigeait de la représentation : aussi M. de Goujon y dépensa plus de cent mille livres de son patrimoine. C'est par ce motif qu'une grande partie des terres et seigneuries qu'il possédait sortirent de sa famille.

Jean-François de Goujon est mort à Boulay, où il est enterré ainsi que sa femme, dans le chœur de l'église paroissiale de cette ville.

De son mariage avec demoiselle Elisabeth de Croonders sont issus,

SAVOIR :

1° Ferdinand-Ernest de Goujon, qui fait le degré suivant;

2° Antoinette de Goujon, dame d'Anzeling, de Soyerés, etc., a épousé Henri-François Dubuisson d'Apponcourt, Major de cavalerie, Gouverneur de Boulay, etc. Madame d'Apponcourt était remarquable par sa beauté : elle était fort liée avec Madame de Graffigny, sa belle-sœur, toutes deux à la cour de Lorraine.

M. et Madame d'Apponcourt sont morts sans postérité, et enterrés tous les deux dans la même tombe des anciens Seigneurs de Boulay, dans le chœur de l'église paroissiale, du côté de Notre-Dame;

3° Marie-Magdelaine de Goujon a épousé Bernard de Rumage, Seigneur de la Sablonnière, Capitaine de dragons, etc., n'ont point laissé de postérité;

4° Jean-François de Goujon, mort sans postérité; enterré dans le chœur de l'église paroissiale de Boulay;

5° Elisabeth de Goujon, morte sans postérité, et enterrée dans le chœur de l'église paroissiale de Boulay;

6° Jean-Lothaire de Goujon, appelé le Chevalier de Goujon, fut d'abord placé dans les cadets gentilshommes de son Altesse Royale, puis Lieutenant d'infanterie. Etant à l'armée en Bohême, sur la fin de décembre de l'année 1741, il fut envoyé à l'attaque de Piseck avec trois cents chevaux et deux cents grenadiers de son régiment. Tombé dans une embuscade d'un fort détachement ennemi, sa cavalerie s'enfuit: malgré cela il ne voulut jamais se rendre. Ses grenadiers, animés par son exemple, se défendaient jusqu'à toute extrémité: ils furent tous tués. Il y périt lui-même glorieusement. Il avait épousé demoiselle de Bock de Pétrange, dont il n'a pas eu de postérité;

7° Isabelle de Goujon, morte en bas âge, et enterrée à Reling;

8° Antoine de Goujon, mort en bas âge;

9° Albert de Goujon, mort en bas âge;

10° Magdelaine de Goujon a épousé Thomas

Gauthier de Vaux, Capitaine de cavalerie, Ecuyer de la ville de Strasbourg, Inspecteur des routes de la haute et basse Alsace, ancien page du Roi, etc. De ce mariage est née une fille qui a épousé M. de la Hausse de Joppecourt, Capitaine de mineurs, Chevalier de Saint-Louis : ils n'ont point laissé de postérité.

10ᵉ degré.

Vers 1695.

Ferdinand-Ernest DE GOUJON, fils du précédent, et de noble demoiselle Elisabeth de Croonders, Ecuyer, Seigneur de Mohimont, Gredde, Marsbourg, Soyeres, Hofhause, Capitaine d'infanterie, Syndic apostolique des révérends pères Récollets irlandais de Boulay, Chef et commandant des Chevaliers de l'arquebuse, Grand-Gruyer, Haut-Justicier et Grand-Prévôt de la prévôté de Boulay, a épousé noble demoiselle Antoinette de Bony de la Vergne, fille de très-illustre et puissant Seigneur Jean-François, Marquis de Bony de la Vergne, Grand-Major de cavalerie, Grand-Chambellan, etc. De ce mariage sont issus,

Savoir :

1° Joseph-Frédéric de Goujon, Capitaine d'infanterie, Aide-major-général des troupes royales en Corse, mort sans postérité, à la suite d'une campagne.

Joseph-Frédéric de Goujon, d'une taille et d'une

figure très-remarquables, eut de grands succès dans ses études. Il fit son droit avant d'entrer au service. Il parlait cinq langues. Dans l'occupation de la Corse, on eut besoin d'un Officier instruit qui entendit la langue du pays; il fut désigné et adjoint à l'état-major par le Marquis de Cursay qui commandait. Devenu aide-de-camp du Marquis, il lui donna une mission pour le Roi. Louis XV l'accueillit avec bonté à plusieurs reprises et prit plaisir à entendre ses récits sur différentes particularités de l'île. Cependant, par suite de beaucoup d'intrigues, le Marquis de Cursay fut exilé dans ses terres, et M. de Goujon rejoignit son régiment, quoique le successeur de M. de Cursay l'eut pressé de garder les mêmes emplois près de lui. Il fit nombre de campagnes: ses équipages furent pris deux fois. Fait prisonnier lui-même et emmené à Berlin, il eut l'honneur d'être présenté au grand Frédéric et d'être admis comme bon musicien à ses petits concerts. Enfin M. de Goujon s'est trouvé à quantité de batailles, de combats, de siéges, et a péri à l'âge de trente-cinq ans environ avec deux de ses camarades et parents, Lallemant et Montigny, au service comme lui. Débarqués à Ostende, ils y furent empoisonnés, dit-on, par mégarde. Ils moururent tous trois à quelque temps de là et presque simultanément. M. de Goujon vint expirer à Boulay, où il est enterré dans la chapelle de Notre-Dame de l'église des révérends pères Récollets irlandais de cette ville. En lui s'est éteint la ligne masculine des Gouschœn ou de Goujon ;

2° Suzanne de Goujon a épousé M. Boursier de Mondeville, dit de Croonders, Capitaine commandant d'infanterie, Chevalier de Saint-Louis, qui s'est trouvé à nombre de batailles sur terre et sur mer.

Ils n'ont point laissé de postérité.

M. de Croonders est enterré à Beaumarais, et Madame de Croonders à Boulay ;

3° Henri-François de Goujon, mort en bas âge, et enterré dans l'église paroissiale de Boulay, dans le chœur, près du banc privilégié de sa famille ;

4° Marie-Elisabeth de Goujon, morte en bas âge, et enterrée près de son frère dans le chœur de l'église paroissiale de Boulay ;

5° Catherine-Elisabeth de Goujon, morte en bas âge, et enterrée dans le chœur de l'église paroissiale de Boulay, près de sa famille ;

6° Magdelaine-Hyacinthe de Goujon, a épousé Jean-Alexandre Comte de Bony de la Vergne, son cousin, Capitaine au Corps royal et militaire du Génie, Chevalier de Saint-Louis, etc.

Magdelaine-Hyacinthe de Bony était grande, bien faite de sa personne, d'un caractère élevé, vif, généreux, et douée de beaucoup d'esprit et de jugement. Restée seule d'une nombreuse famille, elle eut le malheur de voir périr successivement à ses côtés son époux et tout ce qui lui fut cher; aussi elle se retira à peu près du monde et se consacra à l'éducation de son fils unique en qui elle avait concentré toutes ses affections. Elle n'eut pas le bonheur de le voir établi étant décédée au commencement de la révolution. Femme d'un mérite éminent, charitable, pieuse, sans petitesses, elle était le conseil et la consolation de ceux qui avaient le bonheur de la connaître. Elle est morte et enterrée à Boulay;

7° Antoinette-Judith de Goujon, morte sans postérité, et enterrée dans le chœur de l'église paroissiale de Boulay près de sa famille;

8° Paul-François de Goujon, mort en bas âge, et enterré dans le chœur de l'église paroissiale de Boulay, près du banc privilégié de sa famille.

### *Notice sur Ferdinand-Ernest DE GOUJON.*

Ferdinand-Ernest de Goujon entra très-jeune dans les cadets gentilshommes de son Altesse Royale, ainsi que son frère. Il obtint ensuite du service, et fit ses premières campagnes aux siéges de Landau et de Fribourg en Brisgaw. Il y fut blessé trois fois dans une nuit, étant allé volontairement à la sape à la tête des grenadiers de son régiment. Il fit encore plusieurs campagnes : mais les affaires de la grande prévôté de Boulay, que son père, trop âgé, lui avait résignée, le forcèrent de quitter le service et de revenir à Boulay. Il fut bientôt l'idole des habitants par la manière paternelle dont il gouverna la ville ainsi que la prévôté de ce nom : ce dont les anciens se rappellent encore avec attendrissement. On peut dire que ce fut l'âge d'or de Boulay. L'ordre sévère qu'il avait établi, ne l'empêchait pas de procurer à la bourgeoisie tous les plaisirs qui dépendaient de lui. Il les rassemblait fort souvent dans sa maison pour les régaler, et donner le divertissement de la danse ou autres, aux jeunes gens. Les habitants ne faisaient pour ainsi dire qu'une famille dont il était le chef.

La ville de Boulay se distinguait alors par la simplicité de ses mœurs; aussi, en la comparant avec les petites villes environnantes, disait-on : les Messieurs de Saint-Avold, les Bourgeois de Bouzonville et les Paysans de Boulay : ce dont ces derniers se glorifiaient.

M. de Goujon était d'humeur gaie, et on cite encore de lui mille traits plaisants ou de bonté. Ses ancêtres avaient servi les Ducs de Lorraine dans des temps très-difficiles, où les troupes ne recevaient presque point de solde; les Commandants étaient obligés, pour les faire subsister, de mettre le pays à contribution, et d'enlever particulièrement les bestiaux : ce qui fit donner alors aux Lorrains le surnom de *Lothringer Küe Dieb*, ou Lorrain voleur de vaches, ou piqueur de vaches, suivant l'expression des mémoires de Beauvau. Cela passa en proverbe. Un jour que M. de Goujon réunissait à sa table nombreuse compagnie d'étrangers, on vint à parler des mœurs du peuple lorrain. Quelqu'un s'avisa de demander quelle était l'origine de ce proverbe : *Lothringer Küe Dieb* (Lorrain piqueur de vaches.) M. de Goujon lui répliqua plaisamment : Eh ! de grâce, Monsieur, ne parlons pas de cordes dans la maison de pendus !

La ville de Boulay n'était plus fortifiée depuis que Louis XIV avait fait démolir ses quatorze tours ; néanmoins M. de Goujon défendit la ville contre une attaque du fameux partisan Menzel, qui voulait la mettre à contribution. Il soutint aussi avec succès, contre le fisc, un grand procès pour la ville au sujet du remembrement du ban, ce qui aurait pu faire le plus grand tort à la bourgeoisie.

La maison de M. de Goujon était ouverte aux riches comme aux pauvres. Elle était aussi le centre et la réunion de toute sa famille : il y avait recueilli nombre de ses parents sans fortune. Le grand mouvement de troupes, sa place, son rang et surtout son caractère généreux, franc et ouvert, faisait que sa maison ne désemplissait pas. Chacun était satisfait de l'accueil cordial qu'on y recevait. Tous ces souvenirs étaient encore vivaces et palpitants de tradition au commencement de la révolution. Les vieillards se plaisaient à raconter tous les faits dont ils avaient été en partie témoins ou acteurs : ils en conservaient le plus doux souvenir. Aujourd'hui la révolution, le laps de temps, le renouvellement et le mélange de la population ont fait de tout cela de l'histoire ancienne.

M. de Goujon a vécu fort âgé et a été enterré à Boulay, dans la chapelle de Notre-Dame de l'église des révérends pères Récollets irlandais de Boulay, à côté de Dame Antoinette de Bony de la Vergne, sa femme, qui l'avait précédé de quelques années.

*Armes et blason de la Maison de Gouschœn dits de Goujon.*

Un écu d'argent à trois balles à feux grégeois de sable, jetant chacune en trois endroits flammes de gueules, ombre de même au naturel sur l'heaume, la torque et hachement d'argent et de sable. Pour cimier, une pareille balle sur pinacle d'argent : couronne de Comte.

On remarquera ici que les deux branches lorraines de la Maison de Bony de la Vergne se sont réunies dans la personne de M. Ferdinand-Ernest-Alexandre Comte de Bony de la Vergne. Il réunit également les descendants maternels des Goujons, Croonders et autres relatées ci-dessus, qui sont toutes éteintes.

# NOTICE

*Sur la Famille des Croonders desquels les de Goujon descendent par les femmes.*

---

La famille des Croonders tire son origine d'Allemagne : elle est venue s'établir en Lorraine vers le quinzième siècle.

Jean DE CROONDERS, Gouverneur de Hombourg-la-Forteresse, Colonel du régiment de son nom, a eu une assez grande illustration.

Assiégé dans la forteresse de Hombourg, dont il était gouverneur, par l'armée française aux ordres du Maréchal de La Ferté, il fit échouer l'attaque de l'ennemi par sa belle défense ; il pourvut même à la solde de la garnison de ses propres deniers pour une somme considérable.

Il en fut fait mention honorable ; mais le malheur des temps et différentes circonstances firent qu'il ne récupéra presque rien. Il reçut aussi en signe d'honneur quatre pièces de canon qui s'étaient conservées dans la Maison de M. de Goujon jusqu'à la révolution.

Le Prince François de Lorraine correspondait amicalement avec lui : la famille conserve encore ces lettres.

Le Duc Charles de Lorraine régnant, prisonnier à Tolède, écrivant au sieur Dubois, son principal

Ministre, mit par post-scriptum : « Faites savoir aux
» colonels qui sont dans les places que je suis par-
» faitement content de leur soumission et affection,
» particulièrement de celle du Colonel de Croon-
» ders. Dites à St.-Marcel qu'il est certain que je
» l'aime plus qu'il ne m'aime ; c'est tout dire, * etc. »

Jean de Croonders est enterré dans l'église des Bénédictins de Saint-Avold, qu'il avait doté de plusieurs biens.

Jean de Croonders épousa Anne-Catherine de Seltzer, fille de Jean Hartman de Seltzer, Seigneur d'Elvange.

De ce mariage est né Jean-François de Croonders et Antoinette de Croonders qui épousa Albert Lallemant de Liocourt, Colonel d'un régiment au service de son Altesse Royale.

Jean-François de Croonders, fils du précédent, Capitaine dans le régiment de son père, puis Grand-Prévôt du Siersberg et du Sargaw, eut trois femmes, desquelles il a eu :

1° Marie-Elisabeth de Croonders qui a épousé Jean-François de Goujon dont on a parlé. Ils sont enterrés tous deux dans le chœur de l'église paroissiale de Boulay, du côté de Notre-Dame, devant le banc privilégié de la famille, entre le chœur et l'avant-chœur ;

* Mémoires de Beauvau.

2° Anne-Françoise de Croonders, qui a épousé M. Coste, Capitaine de cavalerie au régiment de Piémont. Elle est enterrée dans l'église paroissiale de Boulay, dans la tombe du Seigneur Dithau, très-anciennement Gouverneur de Boulay. Cette tombe est dans le chœur de Notre-Dame de cette église.

Ils n'ont point laissé de postérité;

3° Anne-Marguerite de Croonders n'a pas été mariée. Elle est enterrée devant la porte d'entrée de l'église paroissiale de Boulay, à côté de la première marche en entrant;

4° Jean-Lothaire de Croonders, Capitaine au service de France, tué vers 1704, à la bataille d'Hochstædt.

N'ayant pas laissé de postérité, en lui s'éteint la ligne masculine des Croonders.

5° Ferdinand-Ernest de Croonders a pris le nom d'Antoine a son entrée en religion. Il embrassa l'état monastique et devint prêtre et capucin très-connu à la cour de Lorraine sous le nom du père Antoine. Il fut Confesseur de son Altesse Royale Madame Régente et Instituteur des enfants du Duc Charles de Lorraine qui l'aimait beaucoup. Il était très-rigide observateur des règles de son ordre. Etant à l'âge de quatre-vingt-six ans, à Vienne en Autriche, il voulut par ferveur entreprendre à pied, à l'entrée de l'hiver, un pèlerinage à Rome. Ne pouvant l'en empêcher, les princes voulurent au moins lui donner une voiture; il l'accepta par déférence, mais la renvoya dès qu'il fut à quelque distance de Vienne. Il continua son chemin à pied avec un seul frère de son ordre. Mais bientôt ses forces furent épuisées : il fut obligé de s'arrêter dans une montagne du Tyrol couverte de neige, et il y expira en plein air ;

6° Marianne de Croonders a épousé M. Claude-Henri Boursier de Mondeville, Commissaire d'artillerie au service de France.

De ce mariage sont nés plusieurs enfants, notamment M. Boursier de Mondeville de Croonders, Capitaine-commandant, Chevalier de Saint-Louis, dont il a été question.

Une demoiselle qui a épousé M. de Montigny, Officier au service de France. Trois autres filles non mariées, deux garçons qui ont embrassé l'état ecclésiastique.

Du mariage de M. de Montigny avec demoiselle Boursier de Mondeville, sont nés :

M. de Montigny, Lieutenant-colonel des dragons de Larochefoucault, Chevalier de Saint-Louis, qui a laissé un fils Officier au service de France, marié à mademoiselle de Fouquet.

Enfin mesdames de Lorry, Besser, M. l'abbé de Montigny, Chanoine, et d'autres garçons morts au service.

Jean-Guillaume de Seltzer, fils de Jean Hartman de Seltzer, était Seigneur d'Elvange, Maréchal-de-camp au service de son Altesse le Duc de Bavière, et Colonel d'un régiment au même service.

Il épousa Louise de Hattrise.

De ce mariage est née Anne-Marguerite-Joséphine de Seltzer, dame d'Elvange et de Sauny, qui a épousé M. François Mory, Seigneur de St.-Boin, etc.

De-là, l'alliance des Croonders, des Goujon, des Lallemant, des Montigny, des Mory, etc.

La seconde femme de Jean-François de Croonders, Anne-Rosine de Nidebruck, a été enterrée à Boulay, sous les marches de l'escalier qui conduisait à la chapelle de la Vierge, dans l'ancienne église gothique et paroissiale. Sa figure, sculptée en relief sur la pierre et de grandeur naturelle, se voyait sur un pilastre adossé au saint sépulcre, au montant de ces mêmes marches, à gauche. Beaucoup de personnes peuvent encore se rappeler cette figure remarquable coiffée d'une cape en cœur et d'un collet gauffré montant. On ne sait ce qu'est devenue cette figure lors de la démolition de cette église gothique, vers 1778, qui remontait au onzième siècle, et que les connaisseurs ont regrettée.

**D'HUART** ou **DE HOUARD**, Chevaliers héréditaires du Saint – Empire en Allemagne, Barons d'Huart et de Jamoigne au pays de Luxembourg, Comtes de Teutwert en Flandre, etc.

Armes : *d'argent à un houx de sinople, fruité de gueules, issant d'un brasier ardent.* L'écu timbré d'un casque de chevalier orné de ses lambrequins gueules et argent, et d'une couronne royale. Cimier : *le houx ardent* des armes entre deux trompes allumées et mi-partie argent et gueules. Devise : COR MEUM SICUT AQUIFOLIUM ARDET, qu'on peut traduire par ce jeu de mots : MON COEUR COMME MON HOUX ARDE.

Cette famille d'ancienne chevalerie, distinguée à la fois dans les armes, dans les lettres et dans la magistrature (voir Bertholet, histoire du Luxembourg, liste des hommes illustres, tome VIII, page 192, édition de 1762), a reçu son nom de son château de Houard, situé dans le nord du Luxembourg, où elle a long-temps possédé les fiefs de Grimbiéville, de Grimbiémont, de Lierneux, d'Ouffigny, d'Habiémont, d'Herbouval, d'Autel, de Kœrich, de Mameren, de Rédange, de Dockindorff, de Bertrange; etc., etc., et s'est constamment alliée aux premières maisons de ce duché.

1$^{er}$ degré. Nicolas d'Huart. 1434.

Nicolas D'HUART, Chevalier, sire de Grimbiéville

et de Grimbiérmont, né vers l'an 1434, épousa Marguerite de Waha, (maison d'ancienne chevalerie), dont il eut Colinet qui suit :

*Preuves.* Nicolas d'Huart est rappelé dans l'histoire de la maison de Saint-Mauris-Châtenois, et dans les preuves faites à Luxembourg, en 1787, par Jacques-Philippe-Joseph, Baron d'Huart, Capitaine chef d'escadron aux dragons d'Arberg, il y expose : « Que les ravages des guerres ne lui ont point per-
» mis de pousser sa filiation au-delà de Nicolas
» d'Huart, qualifié *de chevalier* dans un acte de
» 1472, mais que cette dignité établit *à elle seule*
» que Nicolas d'Huart était noble de quatre races
» au moins, puisque sans cette condition, nul ne
» pouvait être promu aux honneurs de la chevalerie.
» Que ces quatre races font remonter son origine à
» une époque antérieure aux lettres d'anoblissement
» en Allemagne, qu'il en conclut donc qu'elle se
» perd dans la nuit des temps. Que cette vérité est
» constatée par les diplômes de Chevalier et de Baron
» donnés à ses pères par l'Empereur Mathias et le
» Roi d'Espagne Philippe v, et par jugement rendu,
» en 1640, sur les conclusions du Procureur-général
» Scouville, qui, ayant eu ordre de la cour de
» Bruxelles d'informer de la noblesse du Luxem-
» bourg, rendit un compte *fort illustre* des titres
» qu'il avait vus au château de Grimbiéville, qui
» malheureusement ont été en grande partie détruits
» dans l'incendie de ce vieux manoir, arrivé en
» 1642. » (Archives de Bertrange.)

2ᵉ degré. Colinet d'Huart. 1474.

Colinet D'HUART, Chevalier, sire de Grimbiéville et de Grimbiémont, né vers 1474, épousa Gertrude Versale-Denal (noble et ancienne famille du pays de Liége), dont il eut :

1° Pierron, Seigneur de Grimbiéville et de Grimbiémont, marié à Isabelle Delvaulx (maison illustre du pays de Stavelot). Sa postérité subsista durant trois générations, et s'éteignit dans la branche d'Autel, après s'être alliée aux maisons de Rahier, de Vervó, de Hach, de Harre, de Manderscheidt et d'Orbach-d'Engelberg, toutes d'ancienne chevalerie;

2° Rémacle qui suit, duquel est sorti la branche d'Autel.

3ᵉ degré. Rémacle d'Huart. 1516.

Rémacle D'HUART, né vers l'an 1516, député en 1540 vers l'Empereur Charles-Quint, membre de son Conseil privé et du Conseil souverain de la province du Luxembourg, épousa, en 1572, Barbe Brenner de Nalbach, (noble et ancienne famille de l'électorat de Trèves très-grandement alliée.) Il en eut :

1° Jean-Gaspard qui suit;

2° Jean, né le 6 septembre 1574, Secrétaire d'état de l'infante Eugénie, Gouvernante des Pays-Bas, mort sans alliance;

3° Rémacle, né le 28 mars 1576, Conseiller et Député aux diètes de l'empire, doyen de Saint-Pierre à Mayence.

4ᵉ degré. Jean-Gaspard. 1573.

Jean-Gaspard d'Huart, né à Luxembourg le 29 mai 1573, d'abord Conseiller au grand Conseil de Maline, puis Ambassadeur d'Espagne aux diètes de l'empire, et Président du Conseil souverain de la province de Luxembourg, fut créé le 17 septembre 1613, Chevalier héréditaire du Saint-Empire, tant en considération *de ses signalés services et des notables exploits de ses pères que de sa noble et ancienne origine.* Et c'est sur le texte même de ce beau diplôme que dom Peltier, Curé de Sénones, auteur d'une compilation nobiliaire, inculpe d'anoblissement les d'Huart du Luxembourg! Il est vrai que son patriotisme lorrain ne tente de les amoindrir que pour relever son compatriote Jean Huart, Lieutenant-général au bailliage d'Allemagne. Après avoir rapporté son anoblissement sous l'année 1617, il ajoute, page 386, qu'il était sorti d'une famille des Ardennes *dès long-temps anoblie par les Empereurs pour notables exploits et signalés services.* Mais puisque ce Jean Huart était magistrat, il ne pouvait ignorer que la noblesse portait *partout* un caractère indélébile tant qu'elle n'avait point encouru dérogeance, et que noble dans le Luxembourg, il l'était également en Lorraine. C'est avec aussi peu de critique, que dom Peltier le gratifie *du Houx ardent* de la famille luxembourgeoise, et le déblasonne de son jeune écu *d'azur à un rameau d'argent ; fruité d'or, sortant d'une montagne aussi d'argent,* que lui restitue fidèlement le nobiliaire de Lorraine et de Bar, par le duc René, page 107, imprimé à Liége en 1771.

Jean—Gaspard d'Huart mourut à Luxembourg le 17 novembre 1633. Il avait épousé Hélène de Cymont, (famille d'ancienne chevalerie) dont il eut:

1° Jean—Charles qui suit;

2° Jean, né le 25 février 1620, mort sans postérité;

3° Ignace, prémontré célèbre par les ouvrages de littérature qu'il a publiés;

4° Mathieu, marié à Catherine-Françoise de Marteau, dont il eut Odile—Thérèse, dame de Mameren et de Kœrich, mariée à Christophe-Albert, Comte de Reiffenberg;

5° Odile—Dorothée, mariée à Gérard, Baron de Beck, etc.;

6° Odile, dame d'Autel, mariée 1° à Jean, Baron de Reichlingen, Colonel, etc.; 2° à Christophe-Albert, Baron d'Argenteau, Seigneur de la Grange près de Thionville, etc.;

7° Marie, mariée à Raphael, Comte de Lohinel, Officier-général, père d'Odile, mariée 1° à Ernest, Comte de Suys, 2° à Michel, Comte de Jaubert de l'Etang, dont sont issus les comtes de Jaubert de nos jours.

5ᵉ degré. Jean—Charles, Chevalier d'Huart. 1619.

Jean-Charles D'HUART, Chevalier héréditaire du Saint-Empire, Seigneur d'Autel, d'Hèrbouval, etc., Député aux diètes de l'Empire pour le cercle de Bourgogne, né à Luxembourg, le 4 novembre 1617, épousa le 12 février 1662 Jean-Marguerite d'Huart-Grimbiéville, sa cousine, dont il eut 23 enfants ! Onze de ses fils furent Officiers aux gardes Walonnes, huit d'entr'eux scellèrent de leur sang leur dévouement à la cause de Philippe V. Ceux qui survécurent furent :

1° Jean-Pierre, Chevalier héréditaire du Saint-Empire, Lieutenant-colonel au service d'Espagne, Seigneur d'Autel en partie et de Vrémy près de Metz, créé Baron de son nom par lettres données à Madrid le 19 juillet 1709, allié à Angélique de Simarque, dont il eut Christophe-Albert-Albéric, Baron d'Huart, Comte de Teutwert, Seigneur de Vrémy, etc., Chevalier héréditaire du Saint-Empire, de Saint—Lazare et de Notre—Dame du Mont-Carmel, Capitaine au régiment du Maine, etc., marié en 1722 à Marguerite-Blaise de Gravelotte, l'une des plus riches héritières du pays Messin. Il en eut dix enfants ; aucun de ses fils n'eut de postérité ; l'un d'eux est mort à Saint-

Diez, au commencement de ce siècle, Maréchal des camps et armées de France, Chevalier de Saint-Louis, etc.;

2° Gérard-Mathias qui suit, né à Luxembourg en 1681;

3° Charles, dit de Grimbiémont, créé Baron de son nom le 19 juillet 1709, Capitaine d'une compagnie des gardes Walonnes, mort en 1726. Ses filles qui prirent alliance furent:

4° Marie-Marguerite, mariée à Jean-Baptiste, Comte de Mailly, etc.;

5° Joséphine, mariée à Auguste de Soyecourt;

6° Olide, mariée à Antoine de Longaste;

7° Béatrix, mariée à Joseph, Comte de Wiltz.

Ses autres filles furent religieuses à Luxembourg et à Mayence.

6ᵉ degré. Gérard-Mathias, Chevalier Baron d'Huart.
1681.

Gérard-Mathias, Chevalier du Saint-Empire, Seigneur d'Autel, Baron D'HUART, par diplôme du 19 juillet 1709, et de Jamoigne, par acquisition du 7 septembre 1728, Lieutenant-général des armées d'Espagne, Gouverneur militaire et politique de Monçon et de Gironne, Commandant général du Lampourdan, mort à Gironne en 1730, à l'âge de 49 ans. Il avait épousé à Luxembourg, le 11 avril 1706, Marie-Barbe de Martini, dont il eut:

1° Jean-Baptiste, Officier aux gardes Walonnes, tué dès sa première campagne;

2° Jean-François-Henry-Gérard, qui suit, né à Luxembourg le 11 novembre 1711;

4° Sophie, dame de Rédange, morte au château de la Sauvage, dans le célibat.

### 7ᵉ degré. Jean-François-Henri-Gérard, Chevalier Baron d'Huart. 1711.

Jean-François-Henri-Gérard, Chevalier Baron D'HUART ET DE JAMOIGNE, Seigneur de Bulles, des 2 Sosnes, de Rodange, de Bertrange, de Dockendorff, etc., Capitaine d'une compagnie des gardes Walonnes, Colonel propriétaire du régiment de la Reine, Major-général des armées d'Espagne, etc., épousa, le 17 février 1750, Anne-Marie-Camille, Marquise de Villers, (maison d'ancienne chevalerie jurée à Saint-Georges et à Remiremont) dont il eut:

1° Jacques-Philippe-Joseph, Chevalier Baron d'Huart, Seigneur de Bertrange, etc., Capitaine commandant un escadron de dragons d'Arberg, marié à sa cousine Henriette de Dampont, chef de la branche des Barons d'Huart de Bertrange;

2° Charles-Elisabeth-Joseph qui suit;

3° Henry-Joseph-Eloy, Baron d'Huart, Chevalier du Saint-Empire et du Lion-Belgique, Lieutenant-colonel de cavalerie, marié à Philippine de Patoul, chef de la branche des Barons d'Huart de Jamoigne;

4° Marie-Joséphine, mariée à Louis-Auguste, Marquis du Blaisel, Maréchal des camps et armées de France, Lieutenant des gardes-du-corps du Roi, etc.;

5° Louise-Marie-Joséphine, mariée à son cousin Louis, Comte de Jaubert de l'Etang.

8e degré. Charles – Elizabeth – Joseph, Chevalier Baron d'Huart. 1756.

Charles – Elizabeth – Joseph, Chevalier Baron d'Huart, né au château de la Sauvage, le 4 janvier 1756, Seigneur de la Sauvage, des deux Sosnes, de Bonneval, etc., Lieutenant-colonel aux gardes Walonnes, marié le 1er septembre 1786 à Olympe-Louise-Séraphine, Comtesse de Saint-Mauris-Châtenois, (maison d'ancienne chevalerie jurée à Remiremont, et élevée aux honneurs de la pairie); il en eut:

1° Louis-Gérard-Joseph-Emmanuel, Capitaine de cavalerie au service de France, marié le 15 septembre 1818, à Marie-Emilie-Julie, Comtesse de Béthune-Saint-Venant, dont quatre fils;

2° Victor-Philippe-Auguste-Walburge-Joseph qui suit;

3° Eugène-Louis-Joseph, attaché à l'ambassade de France à Naples;

4° Anne-Philippine-Marie-Joséphine, mariée à Pierre-François-Hercule, Comte de Serre, Chevalier-commandeur des ordres du Roi, mort le 21 juin 1824, Ambassadeur de France près la cour de Naples, laissant un fils et trois filles.

9ᵉ degré. Victor-Philippe-Auguste-Walburge-Joseph, Baron d'Huart. 1800.

Victor-Philippe-Auguste-Walburge-Joseph, Baron d'Huart, né au château de la Sauvage le 27 juillet 1800, Capitaine aux chasseurs de la garde royale de France, Chevalier de Saint-Ferdinand d'Espagne et de la Légion d'honneur, marié le 19 avril 1831, à Françoise-Adèle de Bony, dont trois enfants.

Une chose digne de remarque dans ces généalogies, c'est la quantité de familles éteintes, telles que celles des Goujon, Croonders, trois branches de la maison de Bony; les Booz, la Sablonnière, la Hausse, Coste, Devaux, Rozerieulles, Funck, Seltzer, Mondeville, d'Apponcourt, Bock et quantité d'autres.

www.ingramcontent.com/pod-product-compliance
Lightning Source LLC
LaVergne TN
LVHW021007090426
835512LV00009B/2136